Impressum
Verlag: BABADADA GmbH, Nedderfeld 112 , 22529 Hamburg
Geschäftsführer / Verlagsleitung: Harald Hof
Druck: Books on Demand GmbH, In de Tarpen 42, 22848 Norderstedt

Imprint
Publisher: BABADADA GmbH, Nedderfeld 112 , 22529 Hamburg, Germany
Managing Director / Publishing direction: Harald Hof
Print: Books on Demand GmbH, In de Tarpen 42, 22848 Norderstedt, Germany

kool

المدرسة

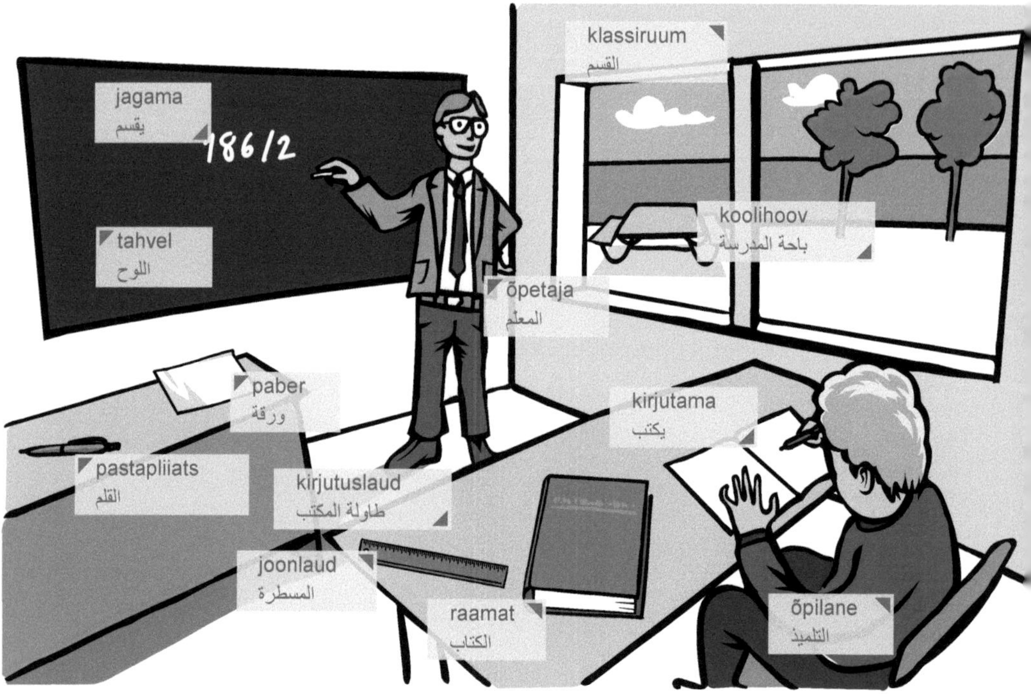

klassiruum
القسم
jagama
يقسم
186/2
tahvel
اللوح
koolihoov
باحة المدرسة
õpetaja
المعلّم
paber
ورقة
kirjutama
يكتب
pastapliiats
القلم
kirjutuslaud
طاولة المكتب
joonlaud
المسطرة
raamat
الكتاب
õpilane
التلميذ

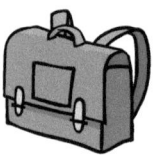

koolikott

الحقيبة المدرسية

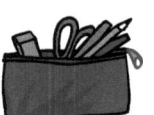

pinal

المقلمة

harilik pliiats

قلم الرصاص

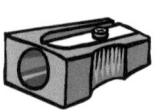

pliiatsiteritaja

البرّاية

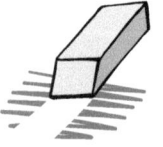

kustukumm

المِمحاة

joonistusplokk

دفتر الرسم

joonistus

الرسمة

pintsel

الفرشاة

värvikarp

علبة التلوين

käärid

المقص

liim

المادة اللاصقة

töövihik

دفتر التمارين

kodutöö

الواجب المدرسي

number

الرقم

liitma

يجمع

lahutama

يطرح

korrutama

يضرب

arvutama

يحسب

täht

الحرف

tähestik

الأبجدية

hello

sõna

كلمة

tekst

النص

lugema

يقرأ

kriit

الطبشور

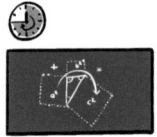

koolitund

الحصة

klassipäevik

دفتر الدوام المدرسي

eksam

الامتحان

tunnistus

شهادة

koolivorm

اللباس المدرسي

haridus

التعليم

entsüklopeedia

الموسوعة

ülikool

الجامعة

mikroskoop

المجهر

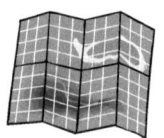

kaart

الخريطة

paberikorv

قماما

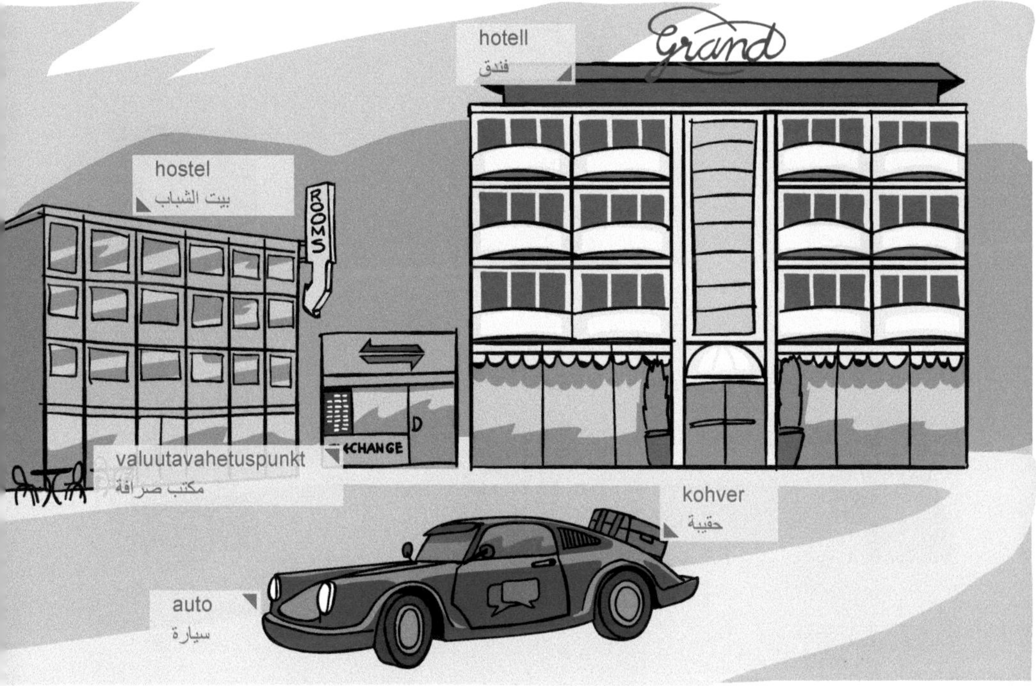

hotell
فندق
Grand
hostel
بيت الشباب
ROOMS
CHANGE
valuutavahetuspunkt
مكتب صرافة
kohver
حقيبة
auto
سيارة

keel
اللغة

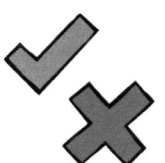

jah / ei
نعم / لا

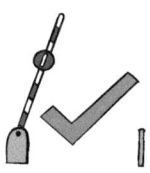

okei
حسناً

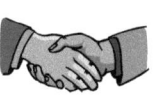

Tere!
مرحباً

tõlk
مترجم

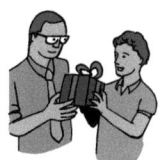

Aitäh!
شكراً

Kui palju maksab ...?

كم ثمن ... ؟

Ma ei saa aru

لا أفهم

probleem

مشكلة

Tere õhtust!

مساء الخير

Tere hommikust!

صباح الخير!

Head ööd!

ليلة سعيدة

Head aega!

إلى اللقاء

suund

اتجاه

pagas

أمتعة السفر

kott

حقيبة

seljakott

حقيبة ظهر

külaline

ضيف

tuba

غرفة

magamiskott

كيس للنوم

telk

خيمة

turismiinfo

استعلامات سياحية

rand

شاطئ

krediitkaart

بطاقة ائتمان

hommikusöök

إفطار

lõunasöök

طعام الغداء

õhtusöök

العشاء

pilet

بطاقة سفر

lift

مصعد

postmark

طابع بريدي

riigipiir

حدود

toll

الجمارك

saatkond

سفارة

viisa

تأشيرة

pass

جواز سفر

transport
نقل

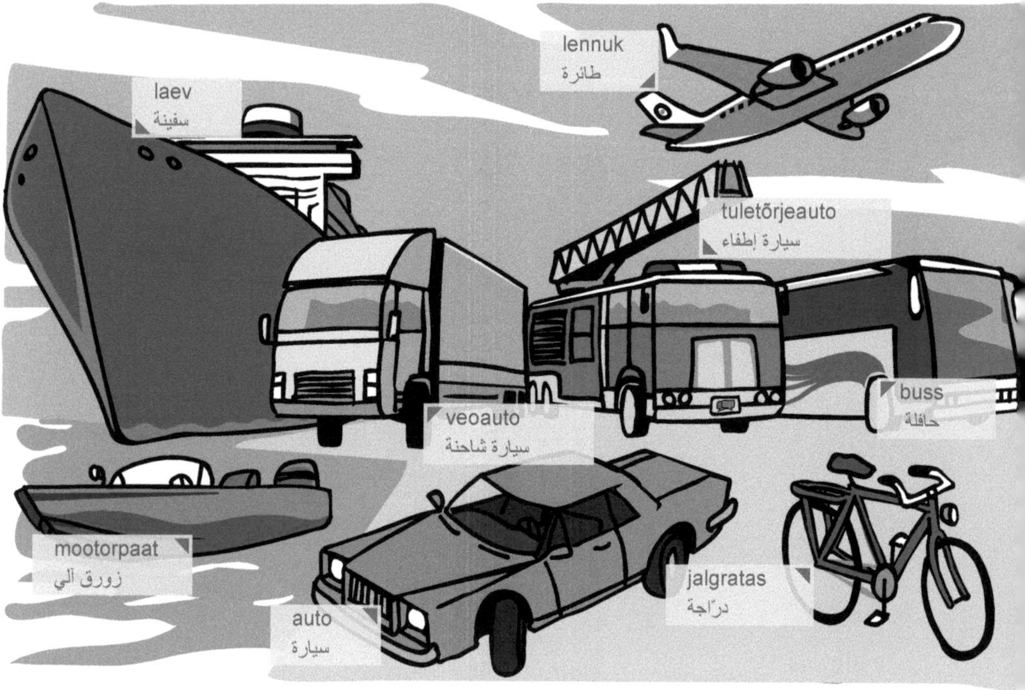
lennuk
طائرة
laev
سفينة
tuletõrjeauto
سيارة إطفاء
veoauto
سيارة شاحنة
buss
حافلة
mootorpaat
زورق آلي
jalgratas
درّاجة
auto
سيارة

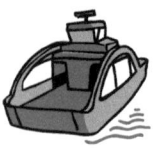

praam
عبارة

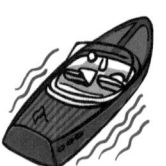

paat
قارب

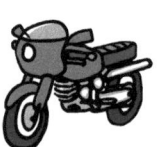

mootorratas
دراجة نارية

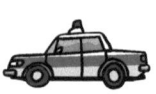

politseiauto
سيارة شرطة

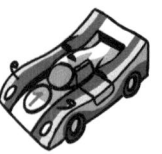

võidusõiduauto
سيارة سباق

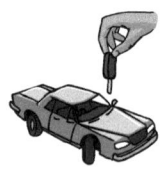

rendiauto
سيارة مستأجرة

ühisauto

أسلوب تشاركي في استئجار السيارات

puksiirauto

سيارة للجر

prügiauto

سيارة نقل القمامة

mootor

محرك

kütus

وقود

tankla

محطة وقود

liiklusmärk

إشارة مرور

liiklus

حركة السير

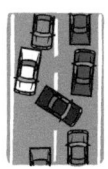

liiklusummik

ازدحام سير

parkla

موقف سيارات

raudteejaam

محطة قطار

rööpad

سكك حديدية

rong

قطار

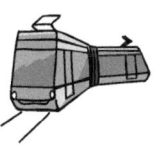

tramm

ترام

vagun

عربة قطار

helikopter

طائرة مروحية

lennujaam

مطار

torn

برج

reisija

مسافر

konteiner

حاوية

pappkast

علبة كرتون

käru

عربة يد

korv

سلّة

õhku tõusma / maanduma

يقلع / يهبط

linn

مدينة

küla

قرية

kesklinn

مركز المدينة

maja

بيت

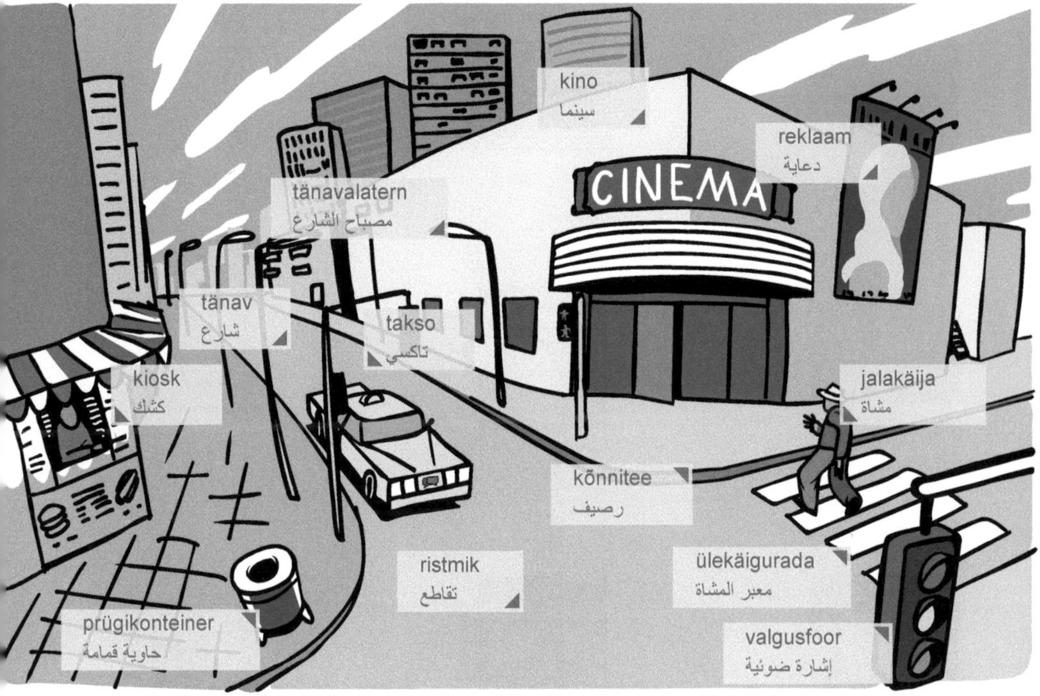

kino
سينما

reklaam
دعاية

tänavalatern
مصباح الشارع

CINEMA

tänav
شارع

takso
تاكسي

kiosk
كشك

jalakäija
مشاة

kõnnitee
رصيف

ristmik
تقاطع

ülekäigurada
معبر المشاة

prügikonteiner
حاوية قمامة

valgusfoor
إشارة ضوئية

osmik

كوخ

kortermaja

شقة

raudteejaam

محطة قطار

raekoda

دار البلدية

muuseum

متحف

kool

المدرسة

ülikool

الجامعة

pank

مصرف

haigla

المستشفى

hotell

فندق

apteek

صيدلية

kontor

مكتب

raamatupood

مكتبة

kauplus

متجر

lillepood

محل لبيع الزهور

supermarket

سوبرماركت

turg

سوق

kaubamaja

متجر كبير

kalapood

تاجر السمك

kaubanduskeskus

مركز تسوّق

sadam

ميناء

park
....
حديقة عامة

pink
....
مقعد

sild
....
جسر

trepp
....
درج، سلم

metroo
....
مترو

tunnel
....
نفق

bussipeatus
....
موقف حافلات

baar
....
بار

restoran
....
مطعم

postkast
....
صندوق البريد

tänavasilt
....
لافتة باسم الشارع

parkimisautomaat
....
مقياس زمن الوقوف

loomaaed
....
حديقة حيوانات

ujula
....
مسبح

mošee
....
مسجد

talu

مزرعة

reostus

تلوث البيئة

surnuaed

مقبرة

kirik

كنيسة

mänguväljak

ملعب الأطفال

tempel

معبد

maastik

طبيعة ريفية

leht
ورقة

teeviit
علامة إرشاد

tee
طريق

aas
مرج

kivi
حجر

puu
شجرة

matkaja
رحالة

jõgi
نهر

rohi
عشب

lill
زهرة

org

وادٍ

mägi

جبل

järv

بحيرة

mets

غابة

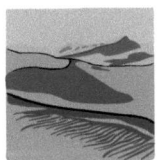

kõrb

صحراء

vulkaan

بركان

linnus

قلعة

vikerkaar

قوس قزح

seen

فِطر

palm

نخلة

sääsk

بعوض

kärbes

ذبابة

sipelgas

نملة

mesilane

نحلة

ämblik

عنكبوت

mardikas

خنفساء

konn

ضفدعة

orav

سنجاب

siil

قنفذ

jänes

أرنب

öökull

بومة

lind

عصفور

luik

بجعة

metssiga

خنزير برّي

hirv

غزال

põder

إلكة

pais

سد

tuuleturbiin

دولاب الطاحونة الهوائية

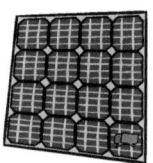

päikesepaneel

خلية شمسية

kliima

مناخ

restoran
مطعم

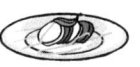

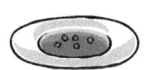

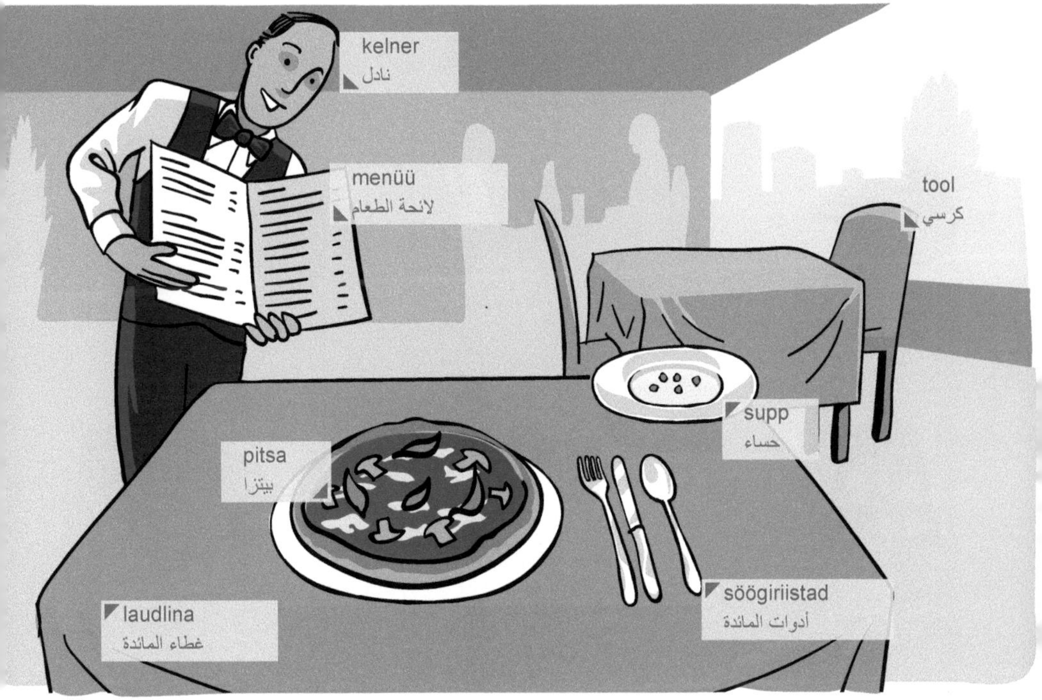

kelner
نادل
menüü
لائحة الطعام
tool
كرسي
supp
حساء
pitsa
بيتزا
söögiriistad
أدوات المائدة
laudlina
غطاء المائدة

eelroog
مقبلات

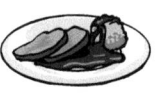

pearoog
الصحن الرئيسي

magustoit
حلوى أو فاكهة بعد الطعام

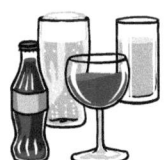

joogid
مشروبات

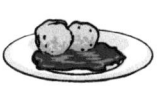

toit
طعام

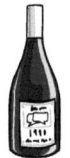

pudel
زجاجة

kiirtoit

وجبات سريعة

tänavatoit

طعام الشارع

teekann

إبريق الشاي

suhkrutoos

علبة السكر

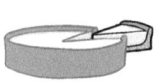

portsjon

حصّة

espressomasin

آلة الإسبريسو

lastetool

كرسي عالٍ

arve

فاتورة

kandik

صينية

nuga

سكين

kahvel

شوكة

lusikas

ملعقة

teelusikas

ملعقة الشاي

salvrätik

منديل المائدة

klaas

كأس

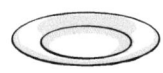

taldrik
....
صحن

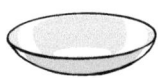

supitaldrik
....
صحن الحساء

alustass
....
صحن الفنجان

kaste
....
صلصة

soolatoos
....
مملحة

pipraveski
....
مطحنة الفلفل

äädikas
....
خلّ

õli
....
زيت الطعام

vürtsid
....
توابل

ketšup
....
كتشاب

sinep
....
خردل

majonees
....
مايونيز

supermarket

سوبرماركت

eripakkumine
عرض خاص
FOR
klient
زبون
piimatooted
مشتقات الحليب
puuviljad
فواكه
ostukäru
عربة تسوّق

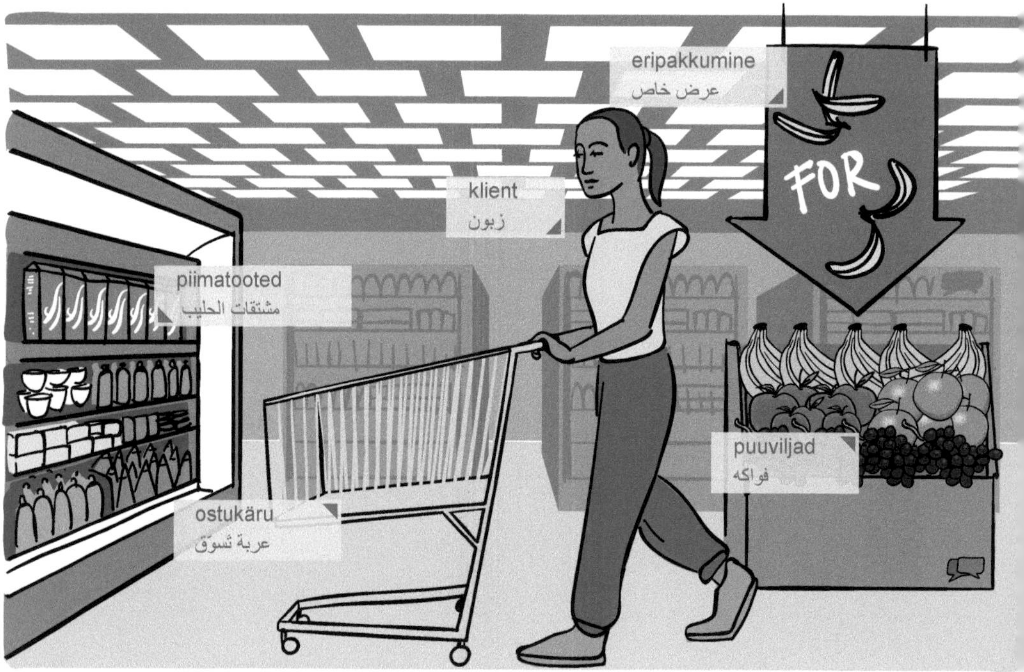

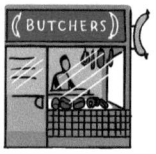

BUTCHERS

lihapood

جزّار

BAKERY

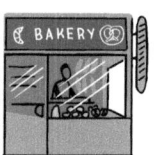

pagariäri

مخبز

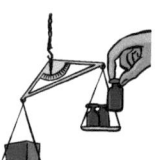

kaaluma

يزن

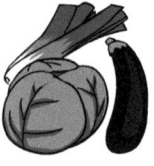

köögiviljad

خضار

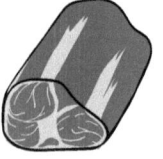

liha

لحم

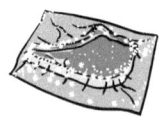

külmutatud toit

المأكولات المجمّدة

lihalõigud

مرتدلا أو جبن

konservid

معلّبات

pesupulber

مسحوق الغسيل

maiustused

حلويات

majatarbed

المواد المنزلية

puhastustooted

منظّفات

müüja

بائعة

kassaaparaat

صندوق الحساب

kassapidaja

أمين صندوق

ostunimekiri

قائمة المشتريات

lahtiolekuajad

أوقات العمل

rahakott

محفظة النقود

krediitkaart

بطاقة ائتمان

kott

حقيبة

kilekott

كيس بلاستيكي

vesi

ماء

mahl

عصير

piim

حليب

koola

كولا

vein

نبيذ

õlu

بيرة

alkohol

كحول

kakao

كاكاو

tee

شاي

kohv

قهوة

espresso

قهوة إمبريسو

cappuccino

كابوتشينو

banaan

موزة

õun

تفاح

apelsin

برتقال

arbuus

بطيخ

sidrun

ليمون

porgand

جزرة

küüslauk

ثوم

bambus

خيزران

sibul

بصل

seen

فطر

pähklid

لوزيات

nuudlid

شعيرية

spagetid

سباغيتي

riis

أرزّ

salat

سلطة

friikartulid

بطاطا مقلية

praekartulid

بطاطا مقلية

pitsa

بيتزا

hamburger

هامبورغر

võileib

ساندويش

šnitsel

شريحة لحم مقلية

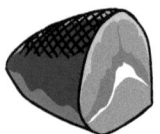

sink

لحم خنزير

salaami

سلامي

vorst

سجق

kana

دجاج

praeliha

لحم محمر

kala

سمك

kaerahelbed

دقيق الشوفان

müsli

موسلي

maisihelbed

كورن فلكس

jahu

طحين

sarvesai

كرواسان

kukkel

خبز صغير

leib

خبز

röstsai

خبز محمص

küpsised

بسكويت

või

زبدة

kohupiim

لبن زبادي

kook

كعكة

muna

بيضة

praemuna

بيض مقلي

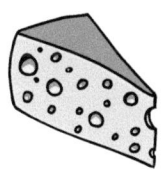

juust

جبنة

jäätis

مثلجات

suhkur

سكر

mesi

عسل

moos

مربّى الفاكهة

pähklivõie

كريم النوغا

karri

الكاري

talu
مزرعة

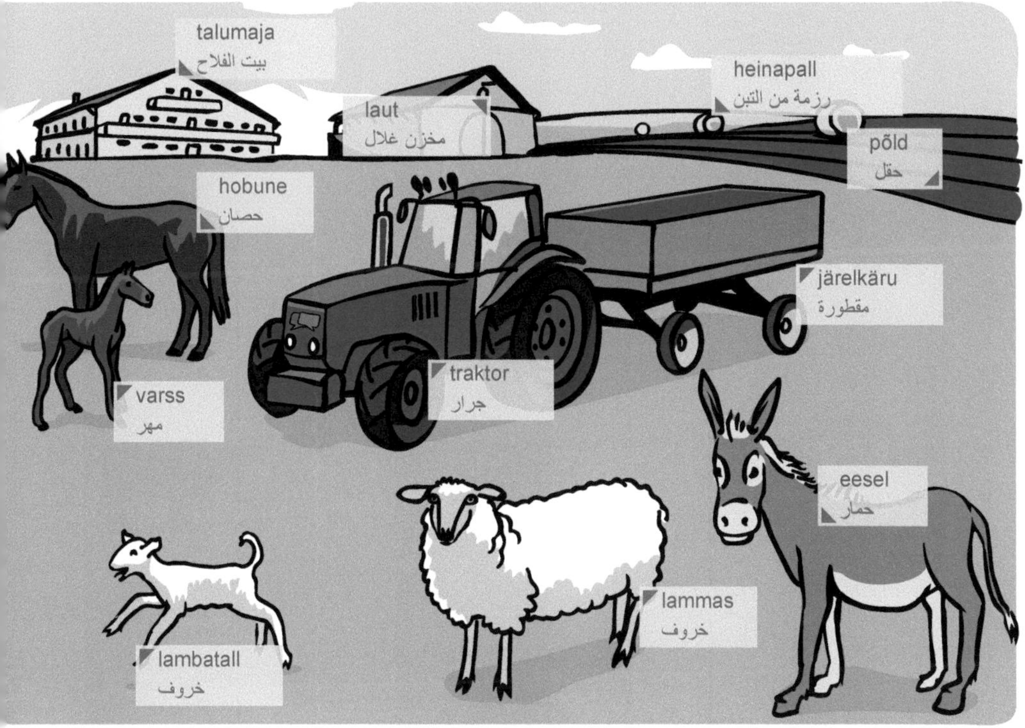
talumaja
بيت الفلاح
laut
مخزن غلال
heinapall
رزمة من التبن
põld
حقل
hobune
حصان
järelkäru
مقطورة
traktor
جرار
varss
مهر
eesel
حمار
lammas
خروف
lambatall
خروف

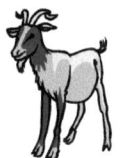

kits

ماعز

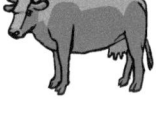

lehm

بقرة

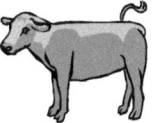

vasikas

عجل

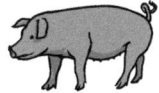

siga

خنزير

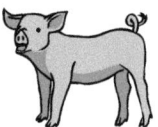

põrsas

خنزير صغير

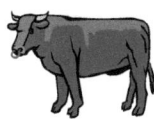

pull

ثور

hani

إوزّة

part

بطة

tibu

صوص

kana

دجاجة

kukk

ديك

rott

جرذ

kass

قطّة

hiir

فأر

härg

ثور

koer

كلب

koerakuut

كوخ الكلب

aiavoolik

خرطوم الحديقة

kastekann

إبريق

vikat

منجل

ader

المحراث

sirp

منجل

kõblas

معزقة

hang

مذراة الزبل

kirves

بلطة

käru

عربة يد

küna

معلف

piimanõu

صفيحة الحليب

kott

كيس

tara

سياج

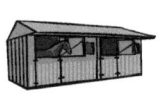

tall

اصطبل

kasvuhoone

دفيئة

muld

تربة

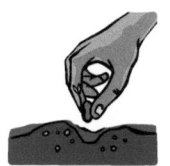

seeme

بذور

väetis

سماد

kombain

حصّادة درّاسة

saaki koristama

يحصد

saagikoristus

محصول

jamss

بطاطا يامس

nisu

قمح

soja

صويا

kartul

بطاطا

mais

ذرة

raps

سلجم

viljapuu

شجرة فاكهة

maniokk

نبات منيهوت

teravili

الحبوب

maja

بيت

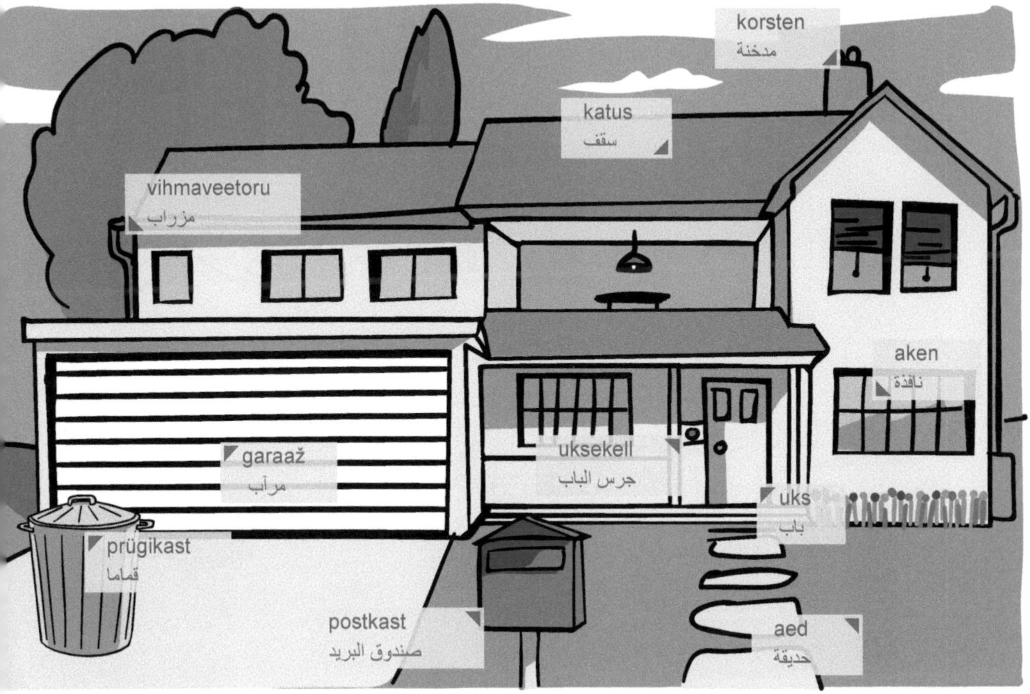
korsten
مدخنة
katus
سقف
vihmaveetoru
مزراب
aken
نافذة
garaaž
مرآب
uksekell
جرس الباب
uks
باب
prügikast
قماما
postkast
صندوق البريد
aed
حديقة

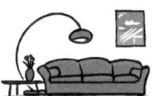

elutuba

غرفة جلوس

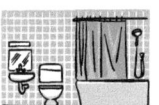

vannituba

الحمّام

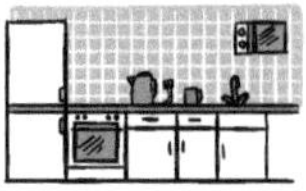

köök

مطبخ

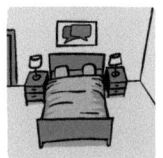

magamistuba

غرفة النوم

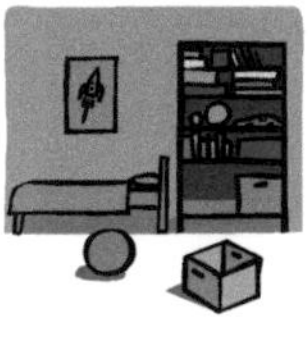

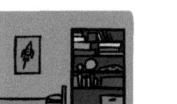

lastetuba

غرفة الأطفال

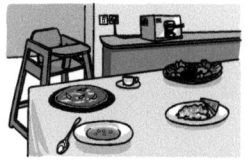

söögituba

غرفة الطعام

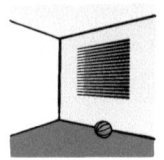

põrand

أرضية

sein

حائط

lagi

سقف

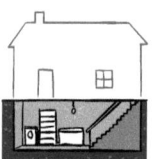

kelder

قبو

saun

ساونا

rõdu

بلكون

terrass

شرفة

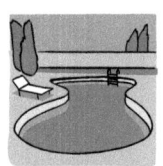

bassein

مسبح

muruniiduk

جزّازة العشب

voodilina

بياضات السرير

päevatekk

بطانية

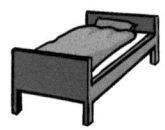

voodi

سرير

luud

مكنسة

ämber

سطل

lüliti

مفتاح كهربائي

elutuba
غرفة جلوس

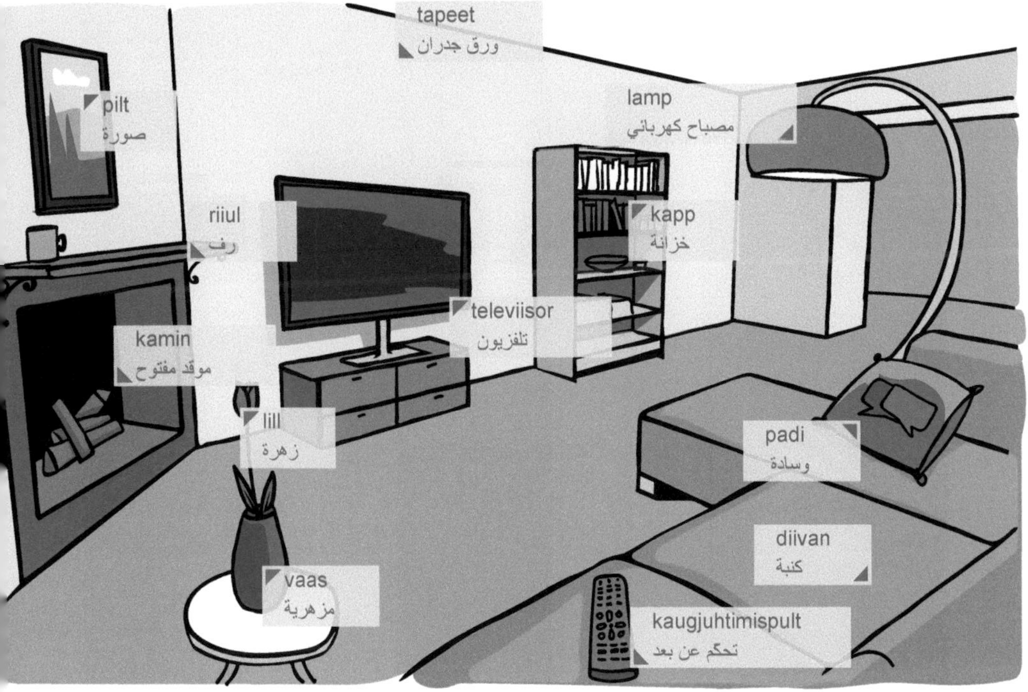

tapeet
ورق جدران
pilt
صورة
lamp
مصباح كهربائي
riiul
رف
kapp
خزانة
televiisor
تلفزيون
kamin
موقد مفتوح
lill
زهرة
padi
وسادة
diivan
كنبة
vaas
مزهرية
kaugjuhtimispult
تحكم عن بعد

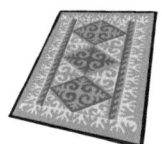

vaip
بصاط

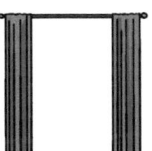

kardin
ستارة

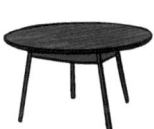

laud
طاولة

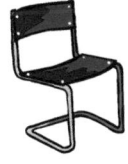

tool
كرسي

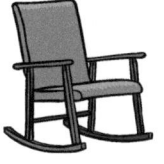

kiiktool
كرسي هزّاز

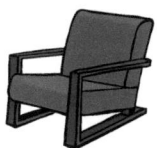

tugitool
كرسي ذو ذراعين

raamat

الكتاب

tekk

بطانية

kaunistus

زخرفة

küttepuud

الحطب

film

فيلم

helisüsteem

تجهيزات ستيريو

võti

مفتاح

ajaleht

جريدة

maal

لوحة مرسومة

plakat

مُلصق

raadio

راديو

märkmik

دفتر ملاحظات

tolmuimeja

المكنسة الكهربائية

kaktus

صبّار

küünal

شمعة

köök
مطبخ

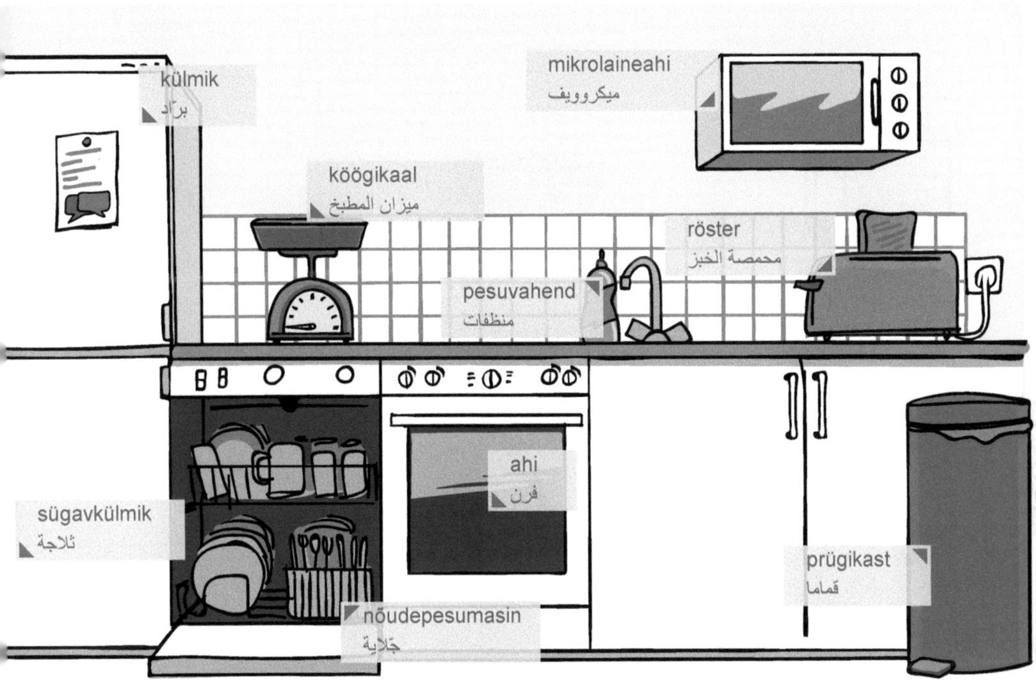
külmik
برّاد
mikrolaineahi
ميكروويف
köögikaal
ميزان المطبخ
röster
محمصة الخبز
pesuvahend
منظفات
ahi
فرن
sügavkülmik
ثلاجة
prügikast
قماما
nõudepesumasin
جَلاية

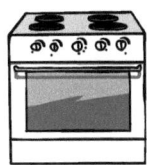

pliit
موقد

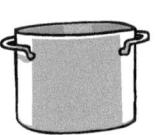

pott
قِدر

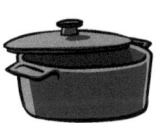

malmpott
وعاء من الحديد

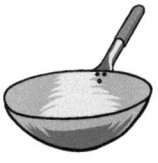

vokkpann
قدر صيني

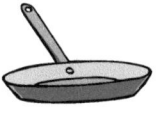

pann
مقلاة

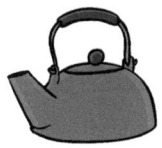

veekeetja
غلاية

aurutaja

قدر البخار

küpsetusplaat

صينية

lauanõud

أواني

kruus

فنجان

kauss

صحن

söögipulgad

عيدان الأكل

kulp

مغرفة

pannilabidas

ملعقة منبسطة

vispel

خفاقة

kurn

مصفاة

sõel

مصفاة

riiv

مبشرة

uhmer

هاون

grill

شواء

lahtine tuli

موقد

lõikelaud

لوح التقطيع

tainarull

نشّابة

korgitser

مفتاح الزجاجات

konservipurk

علبة

konserviavaja

مفتاح العلب المعدنية

pajakinnas

قماش الفرن

kraanikauss

مجلى

hari

فرشاة

pesukäsn

إسفنج

kannmikser

خلاط

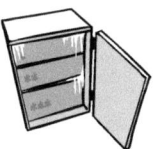

sügavkülmuti

مجمّدة

lutipudel

زجاجة الطفل

segisti

صنبور الماء

vannituba

الحمّام

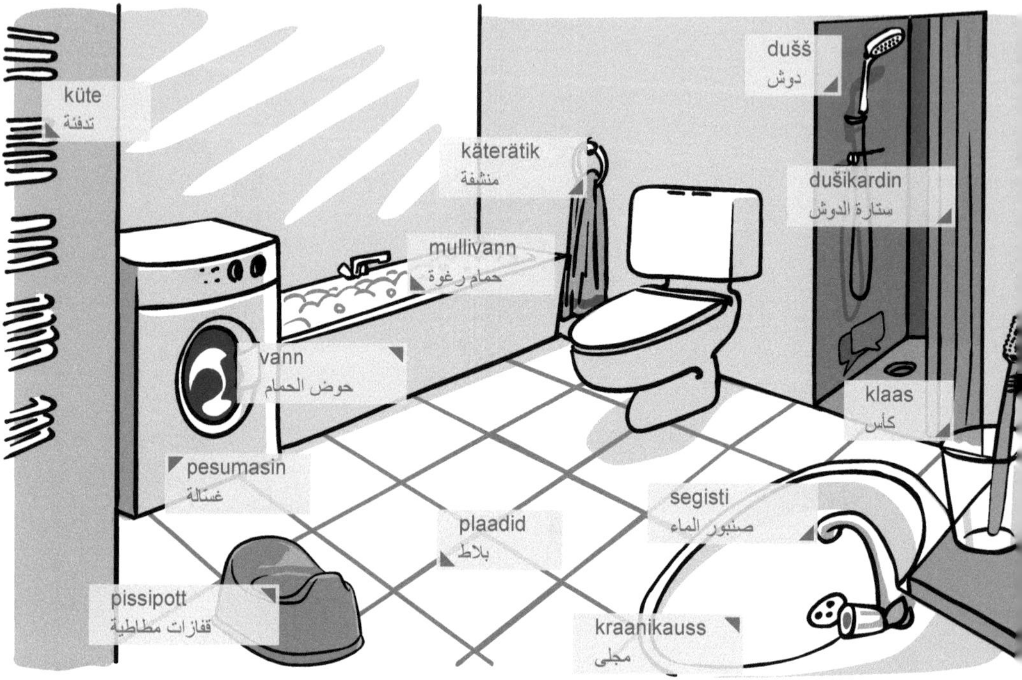
küte
تدفئة
käterätik
منشفة
mullivann
حمام رغوة
vann
حوض الحمام
pesumasin
غسالة
plaadid
بلاط
pissipott
قفازات مطاطية
segisti
صنبور الماء
kraanikauss
مجلى
dušš
دوش
dušikardin
ستارة الدوش
klaas
كاس

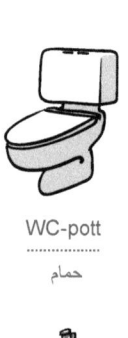

WC-pott
حمام

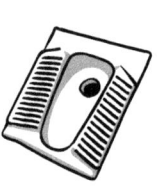

kükitamistualett
مرحاض القرفصاء

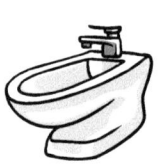

bidee
حوض التشطيف

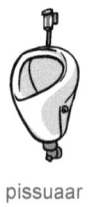

pissuaar
مبولة

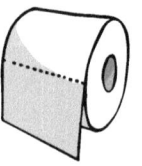

tualettpaber
ورق المرحاض

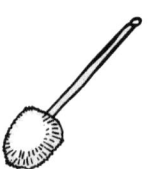

WC-hari
فرشاة الحمام

hambahari

فرشاة الأسنان

hambapasta

معجون الأسنان

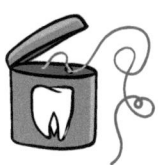

hambaniit

خيط حرير لتنظيف الأسنان

pesema

يغسل

käsidušš

رشاش ماء يدوي

intiimdušš

شطاف

pesukauss

حوض الغسيل

seljahari

فرشاة الظهر

seep

صابون

dušigeel

جيل الدوش

šampoon

شامبو

vamm

ممسحة

äravool

مصرف للماء

kreem

مرهم

deodorant

مزيل الروائح

peegel

مرآة

käsipeegel

مرآة يد

habemenuga

موس حلاقة

raseerimisvaht

رغوة الحلاقة

habemevesi

كولونيا

kamm

مشط

hari

فرشاة

föön

سشوار

juukselakk

مثبت للشعر

meigikomplekt

ماكياج

huulepulk

روج

küünelakk

طلاء أظافر

vatt

قطن

küünekäärid

مقص أظافر

parfüüm

عطر

tualett-tarvete kott

سلّة الغسيل

taburet

مقعد صغير

kaal

ميزان

hommikumantel

معطف الحمام

kummikindad

قفازات مطاطية

tampoon

سدادة قطنية

hügieeniside

منشفة صحية

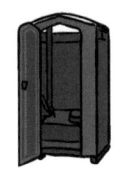

keemiline tualett

تواليت كيميائية

lastetuba

غرفة الأطفال

äratuskell
منبّه
pehme mänguasi
الحيوانات المحنطة
mänguauto
سيارة لعبة
kõristi
خشخشة
nukumaja
بيت الدمى
kingitus
هدية

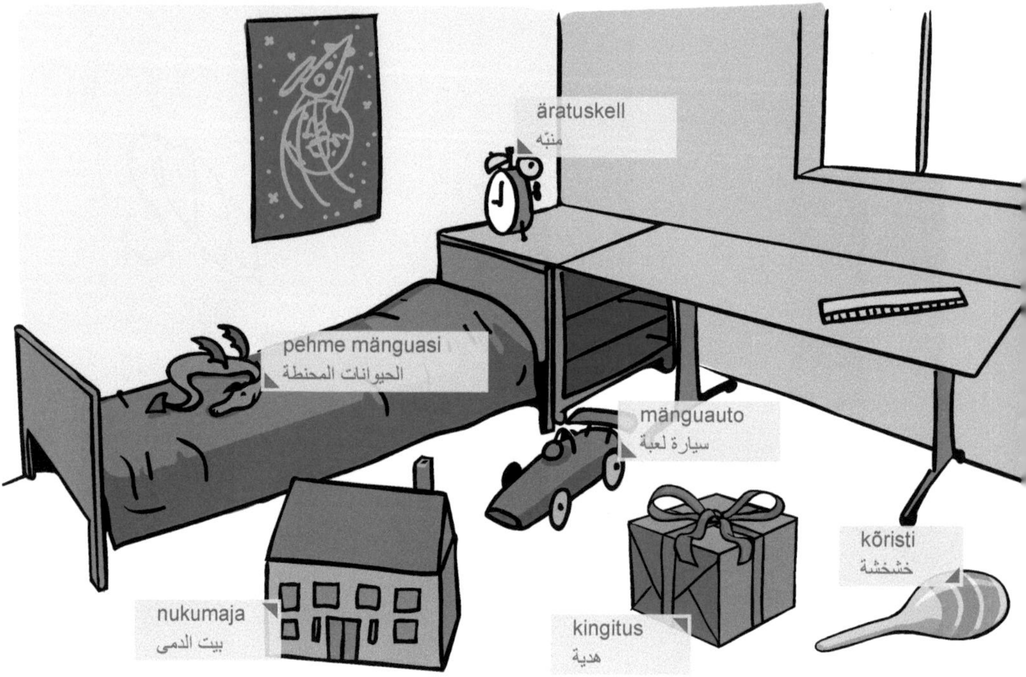

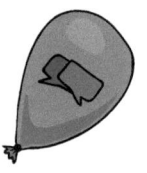

õhupall

بالون

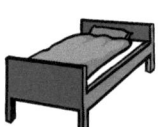

voodi

سرير

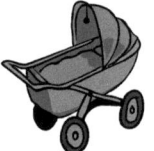

lapsevanker

عربة الأطفال

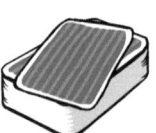

kaardipakk

لعبة الورق

pusle

أحجية

SUPER MEGA

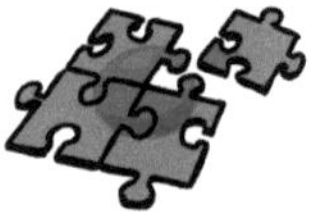

koomiks

رسوم هزلية

Lego klotsid

أحجار الليغو

klotsid

حجارة تركيب

kujuke

دمية بطل

siputuspüksid

لباس الطفل

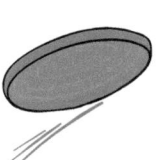

lendav taldrik

فريسبي

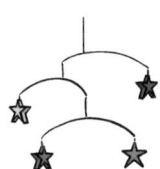

voodikarussell

دمية معلقة

lauamäng

لعبة الطاولة

täringud

لعبة النرد

mudelrong

لعبة قطار

lutt

مصّاصة

pidu

حفلة

pildiraamat

كتاب مصوّر

pall

كرة

nukk

دمية

mängima

يلعب

liivakast

ملعب رملي للأطفال

kiik

ارجوحة

mänguasjad

لعبة

mängukonsool

ألعاب فيديو

kolmerattaline jalgratas

دراجة ثلاثية

mängukaru

دمية على شكل الدب

riidekapp

خزانة الثياب

riietus

ثياب

sokid

جوارب قصيرة

sukad

جوارب طويلة

sukkpüksid

جورب بنطلون

sall
شال

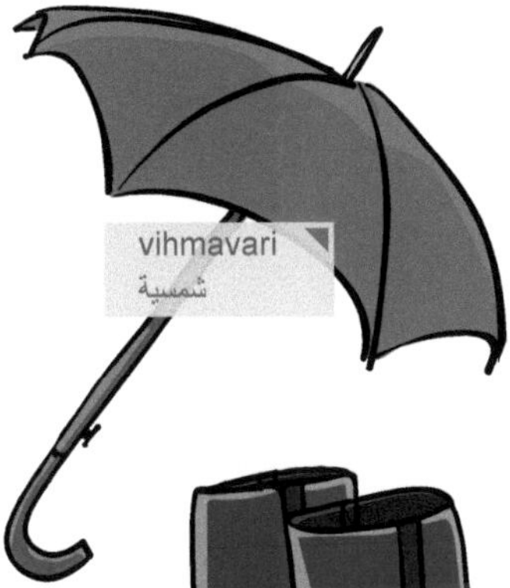

vihmavari
شمسية

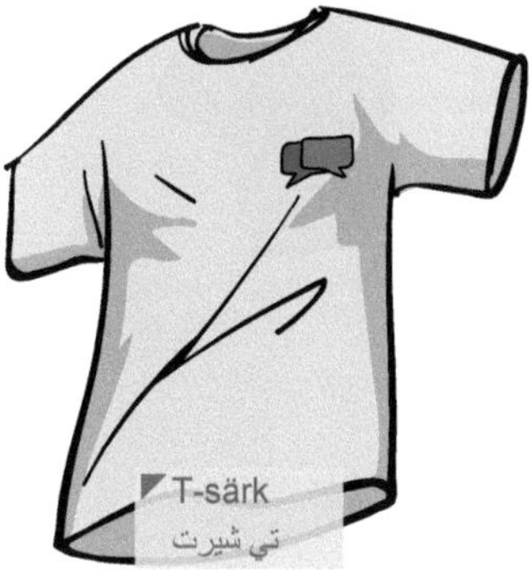

T-särk
تي شيرت

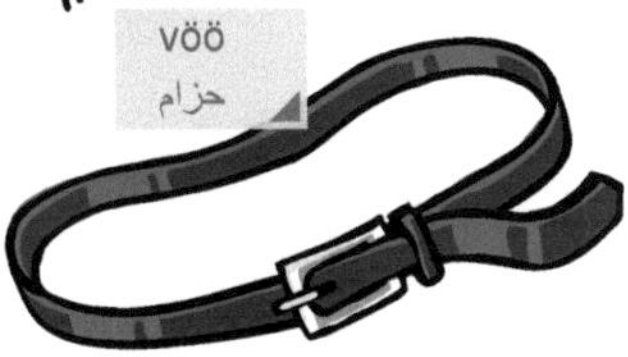

vöö
حزام

saapad
حذاء شتوي

sussid
شبشب

tossud
أحذية رياضية

sandaalid
صندل

jalatsid
حذاء

kummikud
جزمة كاوتشوك

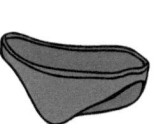

aluspüksid
سروال داخلي

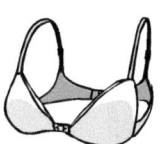

rinnahoidja
صدّارة

vest
قميص داخلي

bodi

لباس ملاصق للجسم

püksid

بنطلون

teksapüksid

جينز

seelik

تنورة

pluus

بلوزة

särk

قميص

sviiter

سترة قطنية

dressipluus

كنزة كم طويل

bleiser

سترة فضفاضة

jakk

سترة

mantel

معطف

vihmamantel

معطف مطري

kostüüm

زي - طقم نسائي

kleit

ثوب

pulmakleit

ثوب الزفاف

ülikond

طقم

öösärk

قميص نوم

pidžaama

بيجاما

sari

ساري

pearätt

حجاب

turban

عمامة

burka

برقع

kaftan

قفطان

abayah

عباءة

ujumistrikoo

مايوه

ujumispüksid

سروال سباحة

lühikesed püksid

شرت

dressid

بدلة رياضية

põll

مئزر

kindad

قفازات

nööp

زر

prillid

نظّارة

käevõru

إسوارة

kaelakee

عقد

sõrmus

خاتم

kõrvarõngas

قرط

nokamüts

طاقية

riidepuu

علّاقة ثياب

kaabu

قبّعة

lips

ربطة العنق

tõmblukk

سحّاب

kiiver

خوذة

traksid

حمّالة البنطلون

koolivorm

اللباس المدرسي

vormirõivad

زي موحّد

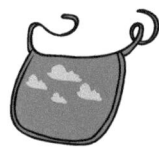

pudipõll

مريلة الأطفال

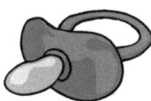

lutt

مصّاصة

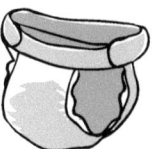

mähe

لفافة

kontor

مكتب

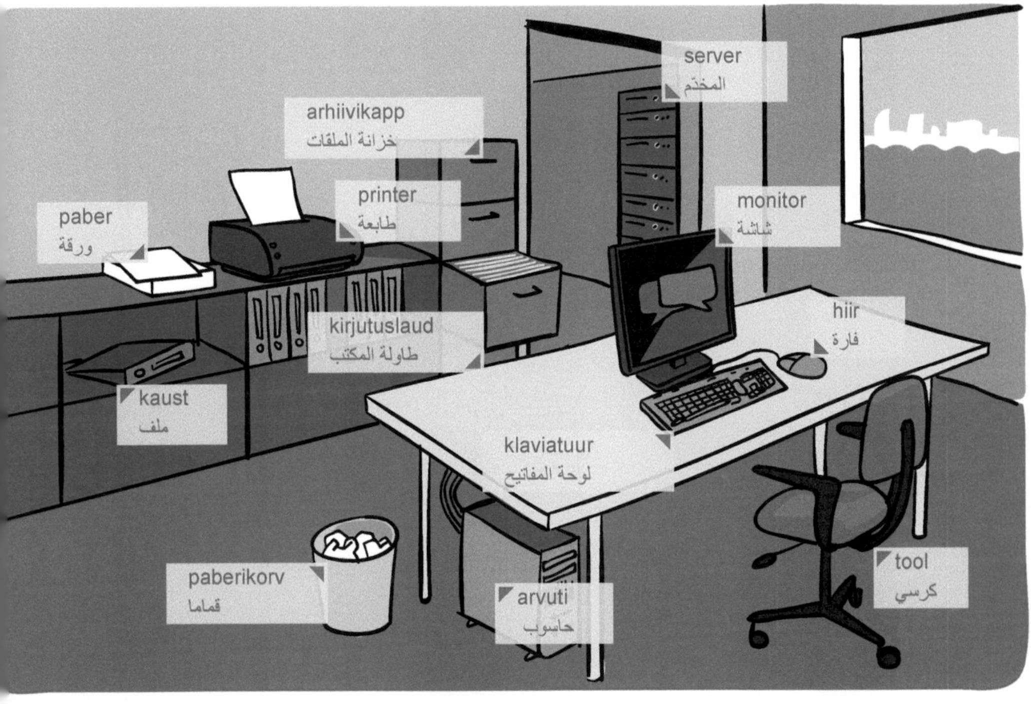

server
المخدّم
arhiivikapp
خزانة الملفات
printer
طابعة
paber
ورقة
monitor
شاشة
hiir
فأرة
kirjutuslaud
طاولة المكتب
kaust
ملف
klaviatuur
لوحة المفاتيح
tool
كرسي
paberikorv
قماما
arvuti
حاسوب

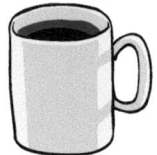

kohvikruus

كأس من القهوة

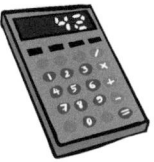

kalkulaator

الآلة الحاسبة

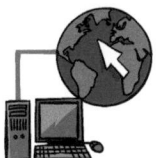

internet

الإنترنت

sülearvuti

الحاسوب المحمول

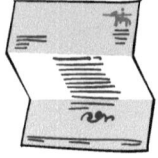

kiri

رسالة

sõnum

خبر

mobiiltelefon

الهاتف المحمول

võrk

شبكة

koopiamasin

جهاز تصوير

tarkvara

البرمجيات

telefon

هاتف

pistikupesa

مقبس كهرباني

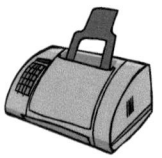

faksimasin

فاكس

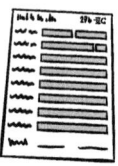

vorm

استمارة

dokument

وثيقة

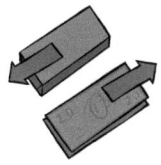

ostma

يشتري

maksma

يدفع

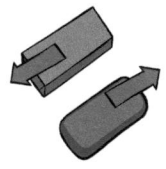

vahetama

يتاجر

raha

مال

dollar

دولار

euro

يورو

jeen

ين

rubla

روبل

Šveitsi frank

فرنك سويسري

renminbi jüaan

يوان

ruupia

روبية

sularahaautomaat

صراف آلي

valuutavahetuspunkt

مكتب صرافة

kuld

ذهب

hõbe

فضة

nafta

نفط

energia

طاقة

hind

سعر

leping

عقد

maks

ضريبة

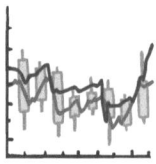

aktsia

سهم

töötama

يعمل

töötaja

موظف

tööandja

رب العمل

tehas

مصنع

kauplus

متجر

ametid
المِهَن

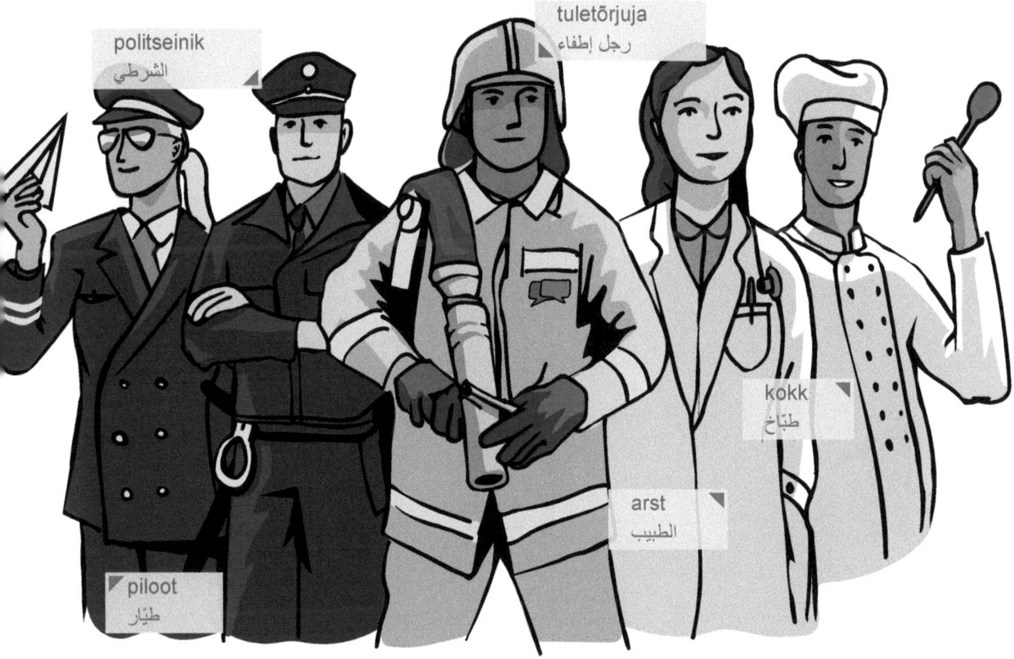

politseinik
الشرطي
tuletõrjuja
رجل إطفاء
kokk
طبّاخ
arst
الطبيب
piloot
طيّار

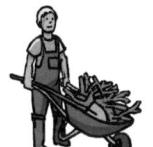

aednik

بستاني

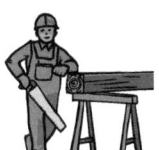

puusepp

نجّار

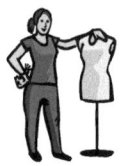

õmbleja

خيّاطة

kohtunik

قاض

keemik

كيميائي

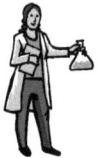

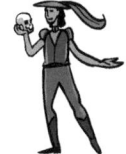

näitleja

ممثل

bussijuht

سائق حافلة

taksojuht

سائق تاكسي

kalamees

صياد سمك

koristaja

أجيرة للتنظيف

katusepaigaldaja

بنّاء سقف

kelner

نادل

jahimees

صيّاد

maaler

رسّام

pagar

خبّاز

elektrik

كهربائي

ehitaja

عامل بناء

insener

مهندس

lihunik

لحّام

torumees

سمكري

postiljon

ساعي البريد

sõdur

جندي

arhitekt

مهندس معماري

kassapidaja

أمين صندوق

lillemüüja

بائع الزهور

juuksur

حلاق

piletikontrolör

مراقب القطار

mehaanik

ميكانيكي

kapten

قبطان

hambaarst

طبيب أسنان

teadlane

رجل العلم

rabi

حاخام

imaam

إمام

munk

راهب

preester

كاهن

tööriistad

عدة عمل

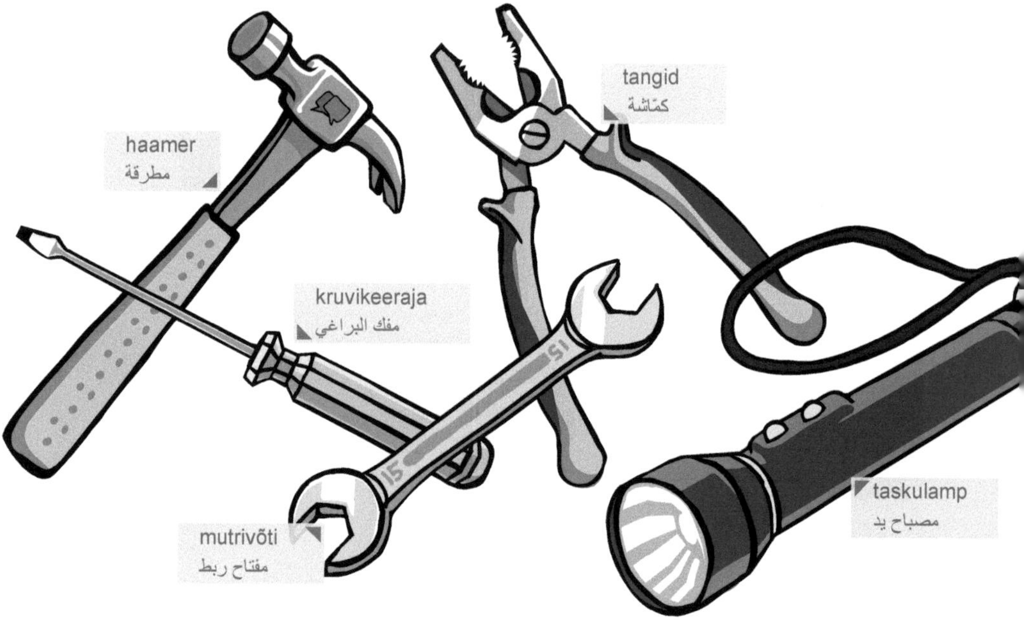

haamer
مطرقة
tangid
كمّاشة
kruvikeeraja
مفك البراغي
mutrivõti
مفتاح ربط
taskulamp
مصباح يد

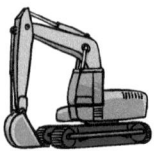

ekskavaator

جرافة

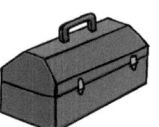

tööriistakast

صندوق العدة

redel

سلّم

saag

منشار

naelad

مسامير

trell

مثقب

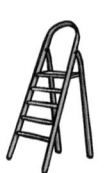

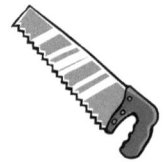

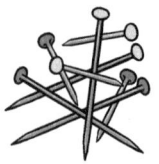

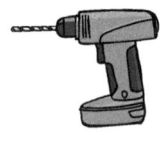

parandama

يصلح

labidas

مجرفة

Põrgusse!

اللعنة

kühvel

لقاطة الكناسة

värvipott

سطل الألوان

kruvid

براغي

pillid

آلات موسيقية

kõlar
مكبر الصوت

trummikomplekt
آلات الإيقاع

kitarr
غيتار

kontrabass
كمان أجهر

trompet
بوق

klaver

بيانو

viiul

كمنجة

bass

جهير

timpan

طبل كبير

trummid

طبل

süntesaator

بيانو كهرباني

saksofon

ساكسوفون

flööt

ناي

mikrofon

ميكروفون

loomaaed

حديقة حيوانات

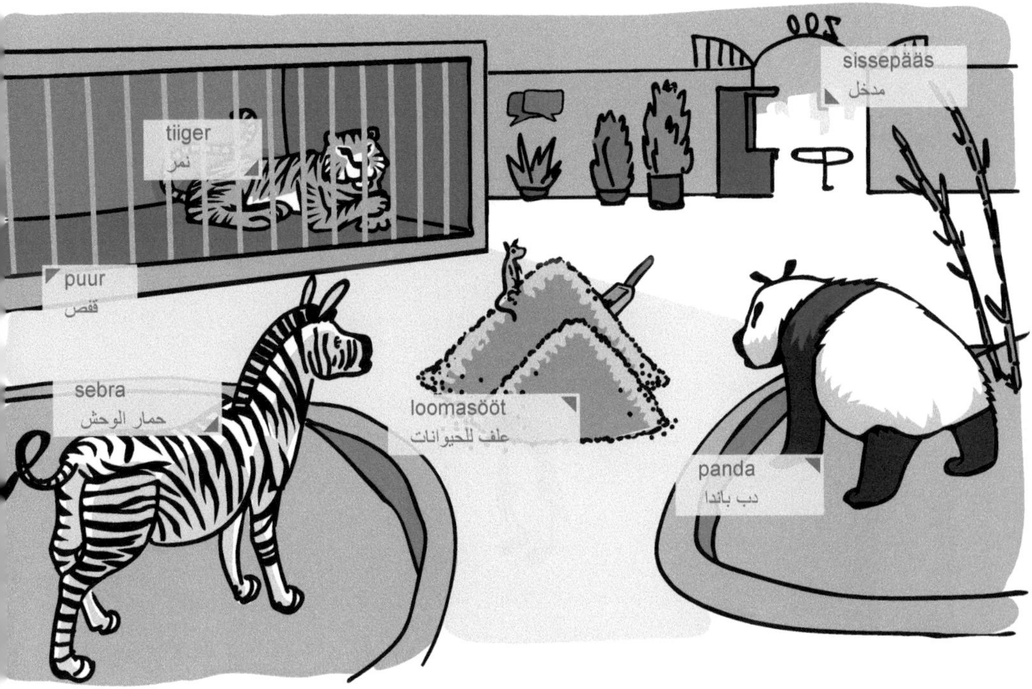

tiiger
نمر
sissepääs
مدخل
puur
قفص
sebra
حمار الوحش
loomasööt
علف للحيوانات
panda
دب باندا

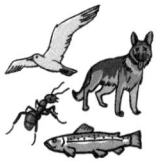

loomad
حيوانات

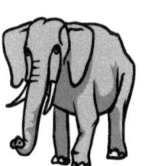

elevant
فيل

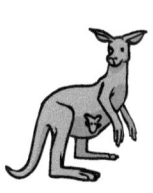

känguru
كنغر

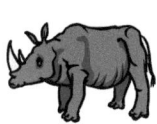

ninasarvik
وحيد القرن

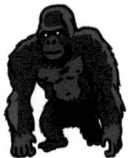

gorilla
غوريلا

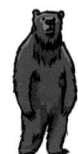

karu
دب

kaamel

جمل

jaanalind

نعامة

lõvi

أسد

ahv

قرد

flamingo

طائر فلامينغو

papagoi

ببغاء

jääkaru

دب قطبي

pingviin

بطريق

hai

سمك القرش

paabulind

طاووس

madu

أفعى

krokodill

تمساح

loomaaiatalitaja

حارس في حديقة الحيوان

hüljes

عجل البحر

jaaguar

نمر أمريكي مرقط

poni

فرس قزم

leopard

نمر

jõehobu

فرس النهر

kaelkirjak

زرافة

kotkas

نسر

metssiga

خنزير برّي

kala

سمك

kilpkonn

سلحفاة

morsk

حيوان فظ البحري

rebane

ثعلب

gasell

غزال

Ameerika jalgpall
كرة القدم الأمريكية

jalgrattasõit
ركوب الدراجات

tennis
كرة التنس

korvpall
كرة السلة

ujumine
السباحة

poksimine
الملاكمة

jäähoki
هوكي الجليد

jalgpall

كرة القدم

sulgpall

الريشة الطائرة

kergejõustik

ألعاب القوى الخفيفة

käsipall

كرة اليد

suusatamine

التزلج على الثلج

polo

بولو

tegevused
نشاطات

hüppama
يقفز
kallistama
يعانق
naerma
يضحك
jalutama
يمشي
laulma
يغنّي
unistama
يحلم
palvetama
يصلّي
suudlema
يقبل

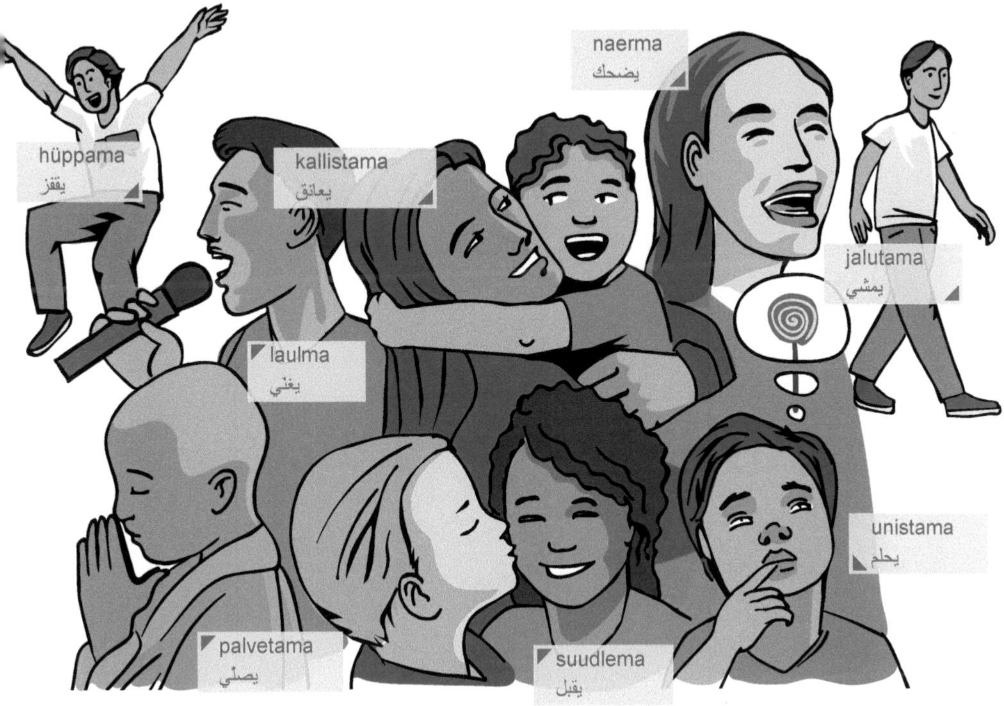

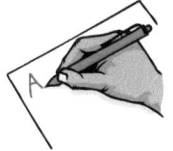

kirjutama
يكتب

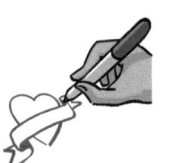

joonistama
يرسم

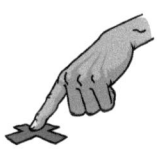

näitama
يُري

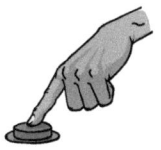

lükkama
يدفع

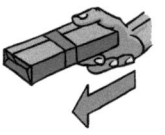

andma
يعطي

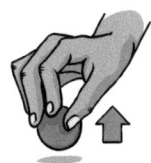

võtma
يأخذ

omama

يملك

tegema

يعمل

olema

يوجد

seisma

يقف

jooksma

يركض

tõmbama

يسحب

viskama

يرمي

kukkuma

يقع

lamama

يستلقي

ootama

ينتظر

kandma

يحمل

istuma

يجلس

riidesse panema

يلبس

magama

ينام

ärkama

يستيقظ

vaatama

ينظر إلى ..

nutma

يبكي

paitama

يمسّد

kammima

يمشّط

rääkima

يتكلم

aru saama

يفهم

küsima

يسأل

kuulama

يسمع

jooma

يشرب

sööma

يأكل

korrastama

يرتب

armastama

يحب

süüa tegema

يطبخ

sõitma

يقود

lendama

يطير

purjetama

يبحر بزورق شراعي

arvutama

يحسب

lugema

يقرأ

õppima

يتعلم

töötama

يعمل

abielluma

يتزوج

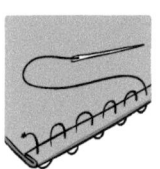

õmblema

يخيط

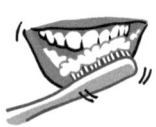

hambaid pesema

ينظف أسنانه

tapma

يقتل

suitsetama

يدخّن

saatma

يرسل

perekond
عائلة

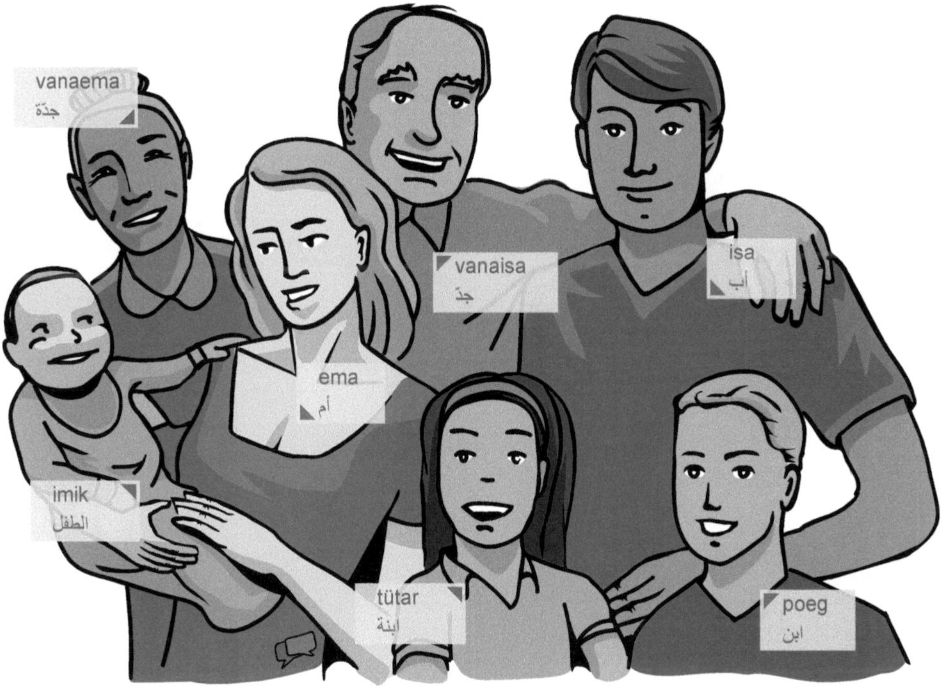
vanaema
جدّة
vanaisa
جدّ
isa
أب
ema
أم
imik
الطفل
tütar
ابنة
poeg
ابن

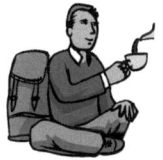

külaline

ضيف

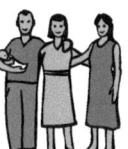

tädi

عمّة / خالة

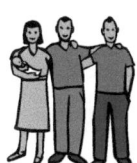

onu

عمّ / خال

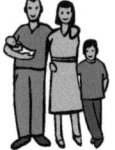

vend

أخ

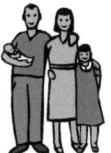

õde

أخت

keha

الجسم

otsmik
الجبين
silm
العين
õlg
الكتف
sõrm
الإصبع
nägu
الوجه
lõug
الذقن
käsi
اليد
rind
الصدر
jalg
الساق
käsivars
الذراع

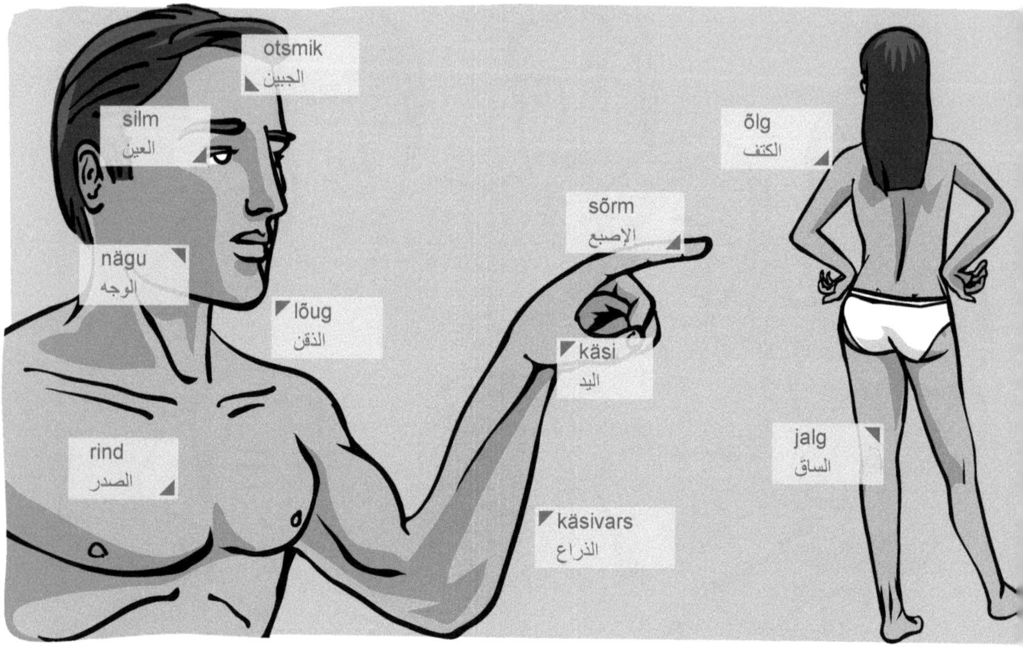

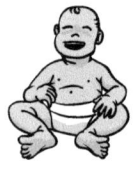

imik

الطفل

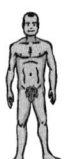

mees

الرجل

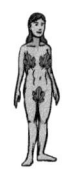

naine

المرأة

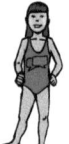

tüdruk

البنت

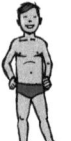

poiss

الولد

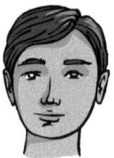

pea

الرأس

selg

الظهر

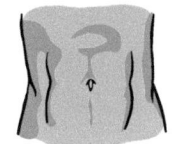

kõht

البطن

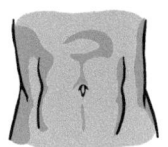

naba

السرّة

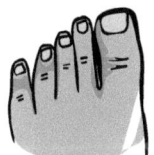

varvas

إصبع القدم

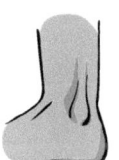

kand

الكعب

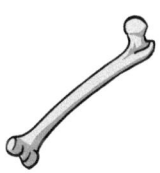

luu

العظم

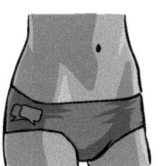

puus

الورك

põlv

الركبة

küünarnukk

المرفق

nina

الأنف

tagumik

العَجُز

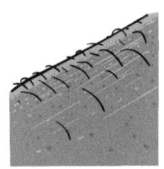

nahk

البشرة

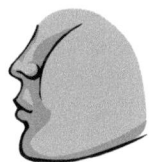

põsk

الخد

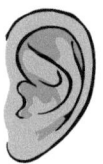

kõrv

الأذن

huuled

الشفة

suu

الفم

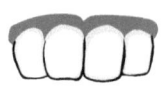

hammas

السن

keel

اللسان

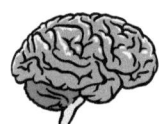

aju

الدماغ

süda

القلب

lihas

العضلة

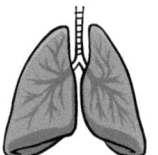

kops

الرئة

maks

الكبد

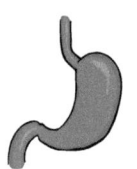

magu

المعدة

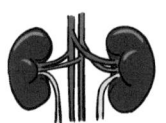

neerud

الكلى

seksuaalvahekord

الاتصال الجنسي

kondoom

الواقي المطاطي

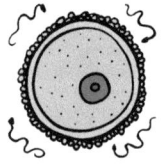

munarakk

البويضة

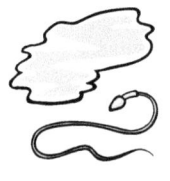

sperma

المنيّ

rasedus

الحمل

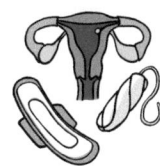

menstruatsioon

الحيض

vagiina

المهبل

peenis

القضيب

kulm

الحاجب

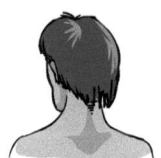

juuksed

الشعر

kael

الرقبة

haigla
المستشفى

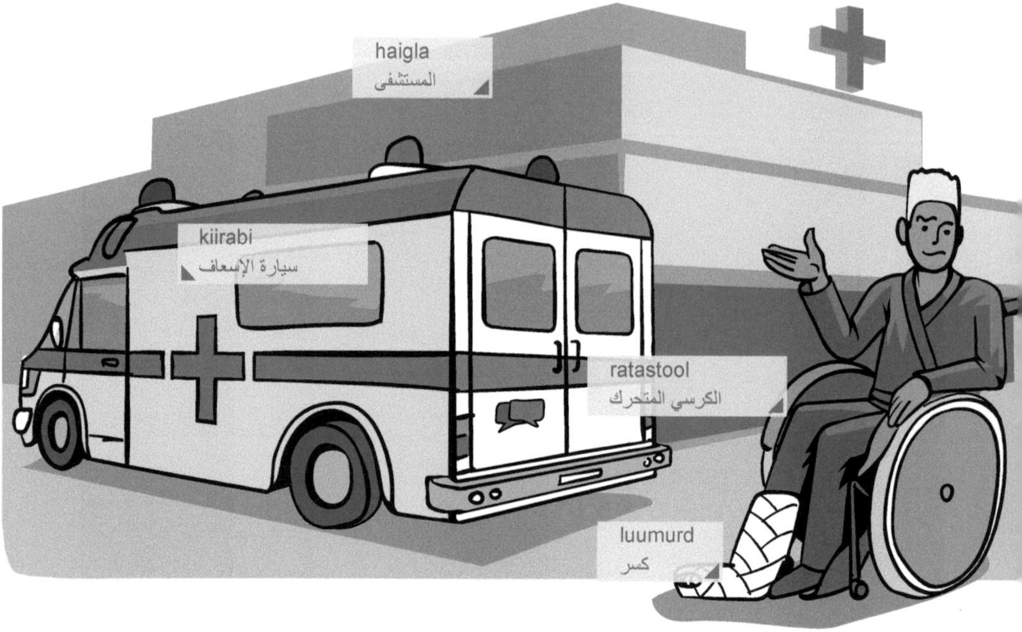

haigla
المستشفى
kiirabi
سيارة الإسعاف
ratastool
الكرسي المتحرك
luumurd
كسر

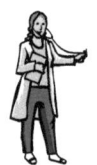

arst

الطبيب

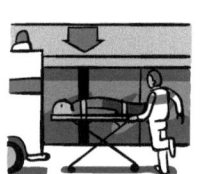

traumapunkt

غرفة الإسعاف

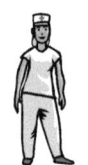

meditsiiniõde

الممرضة

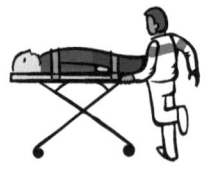

hädaolukord

حالة

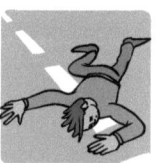

teadvuseta

مغمى عليه

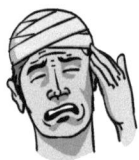

valu

الألم

vigastus

إصابة

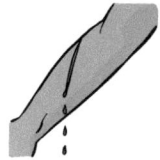

verejooks

النزيف

südamerabandus

احتشاء القلب

insult

جلطة

allergia

حسسية

köha

السعال

palavik

الحُمَّى

gripp

إنفلونزا

kõhulahtisus

الإسهال

peavalu

وجع الرأس

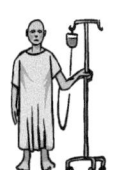

vähk

السرطان

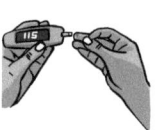

diabeet

مرض السكر

kirurg

جرّاح

skalpell

مبضع

operatsioon

عملية

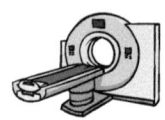

KT

سيتي سكان

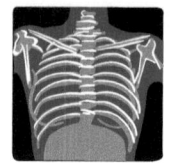

röntgen

الأشعة السينية

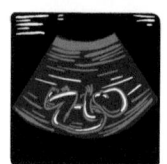

ultraheli

فوق الصوتي

mask

القناع

haigus

المرض

ooteruum

غرفة الانتظار

kark

العُكّاز

kips

شريط لاصق

side

ضماد

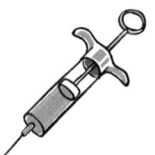

süst

حقنة

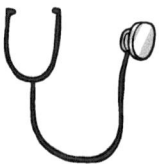

stetoskoop

سمّاعة الطبيب

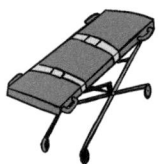

kanderaam

نقالة

kraadiklaas

ميزان حرارة

sünd

ولادة

ülekaaluline

وزن زائد

kuuldeaparaat

جهاز السمع

desinfektsioonivahend

المواد المعقمة

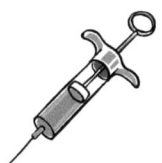

põletik

عدوى

viirus

فيروس

HIV / AIDS

الإيدز

meditsiin

الطب

vaktsineerimine

اللقاح

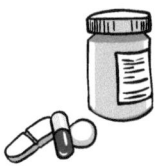

tabletid

أقراص الدواء

pill

حبّة الدواء

hädaabikõne

نداء النجدة

vererõhuaparaat

مقياس ضغط الدم

haige / terve

مريض / صحيح

Appi!

النجدة!

häire

إنذار

kallaletung

اعتداء

rünnak

هجوم

oht

خطر

avariiväljapääs

مخرج طوارئ

Tulekahju!

حريق!

tulekustuti

جهاز الإطفاء

õnnetus

حادث

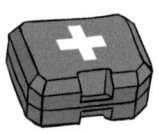

esmaabikomplekt

حقيبة الإسعاف الأولي

SOS

أنقذونا

politsei

الشرطة

Euroopa

أوروبا

Põhja-Ameerika

أمريكا الشمالية

Lõuna-Ameerika

أمريكا الجنوبية

Aafrika

أفريقيا

Aasia

آسيا

Austraalia

أستراليا

Atlandi ookean

المحيط الأطلسي

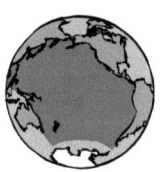

Vaikne ookean

المحيط الهادي

India ookean

المحيط الهندي

Lõuna-Jäämeri

المحيط المتجمد الجنوبي

Põhja-Jäämeri

المحيط المتجمد الشمالي

põhjapoolus

القطب الشمالي

lõunapoolus

القطب الجنوبي

Antarktika

منطقة القطب الجنوبي

Maa

أرض

maismaa

بر

meri

بحر

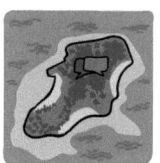

saar

جزيرة

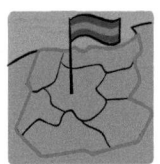

rahvus

أمة

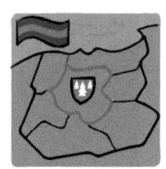

riik

دولة

sihverplaat

ميناء الساعة

tunniosuti

عقرب الساعات

minutiosuti

عقرب الدقائق

sekundiosuti

عقرب الثواني

Mis kell on?

كم الساعة الآن؟

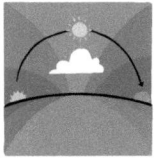

päev

يوم

aeg

زمن

praegu

الآن

digitaalne kell

ساعة رقمية

minut

دقيقة

tund

ساعة

nädal

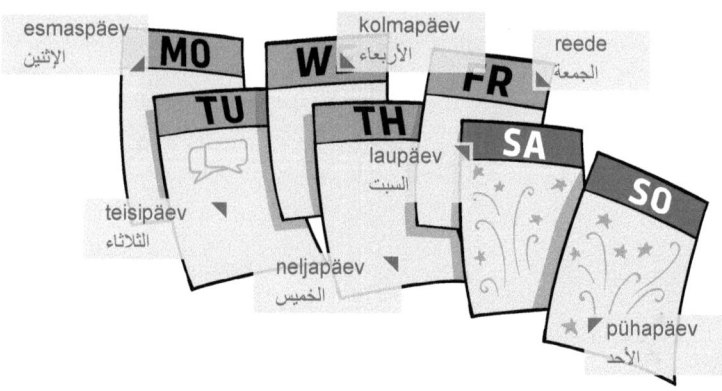

esmaspäev
الإثنين

kolmapäev
الأربعاء

reede
الجمعة

teisipäev
الثلاثاء

laupäev
السبت

neljapäev
الخميس

pühapäev
الأحد

eile

الأمس

täna

اليوم

homme

غداً

hommik

الصباح

lõuna

الظهر

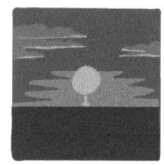

õhtu

المساء

MO	TU	WE	TH	FR	SA	SU
1	2	3	4	5	6	7
8	9	10	11	12	13	14
15	16	17	18	19	20	21
22	23	24	25	26	27	28
29	30	31	1	2	3	4

tööpäevad

أيام العمل

MO	TU	WE	TH	FR	SA	SU
1	2	3	4	5	6	7
8	9	10	11	12	13	14
15	16	17	18	19	20	21
22	23	24	25	26	27	28
29	30	31	1	2	3	4

nädalavahetus

نهاية الأسبوع

80

nädal - أسبوع

aasta
سنة

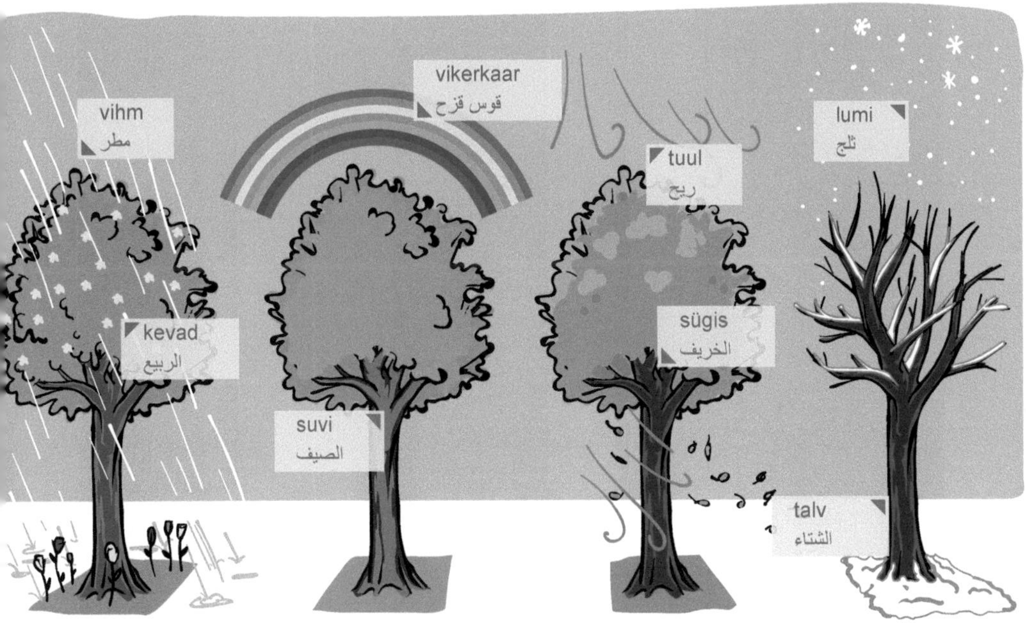
vihm
مطر
vikerkaar
قوس قزح
tuul
ريح
lumi
ثلج
kevad
الربيع
sügis
الخريف
suvi
الصيف
talv
الشتاء

4.APRIL 11°
5.APRIL 4°
6.APRIL 13°
7.APRIL 8°
8.APRIL 10°

ilmaennustus
التنبّؤ بالحالة الجوية

F C
120 40
90 30
60 20
30 10
0 0
-30 -10
-20

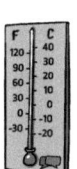

termomeeter
مقياس حرارة

päikesepaiste
ضوء الشمس

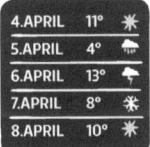

pilv
سحابة

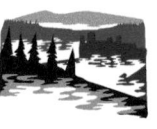

udu
ضباب

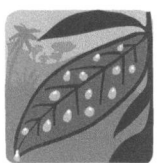

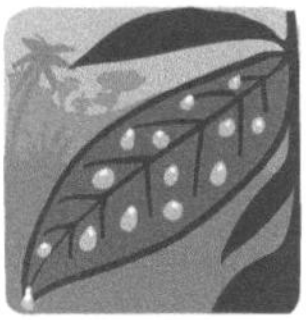

niiskus
رطوبة الجو

pikne

برق

kõu

رعد

torm

عاصفة

rahe

بَرَد

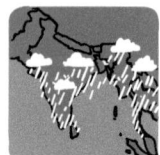

mussoon

ريح موسمية

üleujutus

طوفان

jää

جليد

jaanuar

كانون الثاني / يناير

veebruar

شباط / فبراير

märts

آذار / مارس

aprill

نيسان / أبريل

mai

أيار / مايو

juuni

حزيران / يونيو

juuli

تموز / يوليو

august

آب / أغسطس

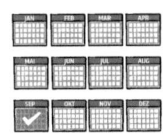

september
....
أيلول / سبتمبر

oktoober
....
تشرين الأول / أكتوبر

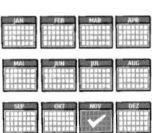

november
....
تشرين الثاني / نوفمبر

detsember
....
كانون الأول / ديسمبر

kujundid

أشكال

ring
....
دائرة

ruut
....
مربّع

nelinurk
....
مستطيل

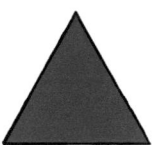

kolmnurk
....
مثلث

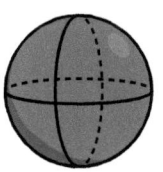

kera
....
كرة

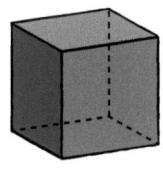

kuup
....
مكعب

valge

أبيض

kollane

أصفر

oranž

برتقالي

roosa

وردي

punane

أحمر

lilla

بنفسجي

sinine

أزرق

roheline

أخضر

pruun

بنّي

hall

رمادي

must

أسود

palju / vähe

كثير / قليل

vihane / rahulik

غضبان / هادئ

ilus / inetu

جميل / قبيح

algus / lõpp

بداية / نهاية

suur / väike

كبير / صغير

hele / tume

فاتح / قاتم

vend / õde

أخ / أخت

puhas / must

نظيف / وسخ

täielik / puudulik

كامل / ناقص

päev / öö

نهار / ليل

surnud / elus

ميت / حيّ

lai / kitsas

عريض / ضيّق

söödav / mittesöödav

صالح للأكل / غير صالح

kuri / sõbralik

شرّير / لطيف

põnevil / tüdinud

مثير / ممل

paks / peenike

سمين / نحيف

esimene / viimane

أولاً / أخيراً

sõber / vaenlane

صديق / عدو

täis / tühi

مليء / فارغ

kõva / pehme

صلب / لَين

raske / kerge

ثقيل / خفيف

nälg / janu

جوع / عطش

haige / terve

مريض / صحيح

ebaseaduslik / seaduslik

غير شرعي / شرعي

tark / rumal

ذكي / غبي

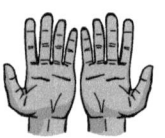

vasak / parem

يسار / يمين

lähedal / kaugel

قريب / بعيد

uus / kasutatud

جديد / مستعمل

mitte midagi / midagi

لا شيء / بعض الشيء

vana / noor

مسين / شاب

sees / väljas

يشعل / يطفئ

lahti / kinni

مفتوح / مغلق

vaikne / vali

خافت / عالٍ

rikas / vaene

غني / فقير

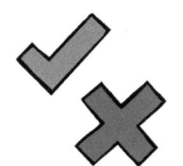

õige / vale

صح / خطأ

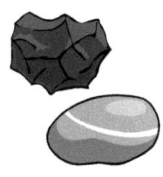

kare / sile

أحرش / أملس

kurb / rõõmus

حزين / سعيد

lühike / pikk

قصير / طويل

aeglane / kiire

بطيء / سريع

märg / kuiv

مبلول / جاف

soe / jahe

ساخن / بارد

sõda / rahu

حرب / سلم

0	**1**	**2**
null	üks	kaks
صفر	واحد	اثنان

3	**4**	**5**
kolm	neli	viis
ثلاثة	أربعة	خمسة

6	**7**	**8**
kuus	seitse	kaheksa
ستة	سبعة	ثمانية

9	**10**	**11**
üheksa	kümme	üksteist
تسعة	عشرة	أحد عشر

12

kaksteist

اثنا عشر

13

kolmteist

ثلاثة عشر

14

neliteist

أربعة عشر

15

viisteist

خمسة عشر

16

kuusteist

ستة عشر

17

seitseteist

سبعة عشر

18

kaheksateist

ثمانية عشر

19

üheksateist

تسعة عشر

20

kakskümmend

عشرون

100

sada

مائة

1.000

tuhat

ألف

1.000.000

miljon

مليون

inglise

الإنكليزية

Ameerika inglise

الإنكليزية الأمريكية

mandariini

لغة ماندارين الصينية

hindi

الهندية

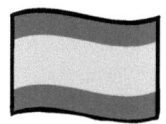

hispaania

الإسبانية

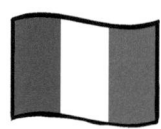

prantsuse

الفرنسية

araabia

العربية

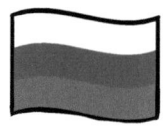

vene

الروسية

portugali

البرتغالية

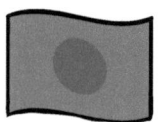

bengali

البنغالية

saksa

الألمانية

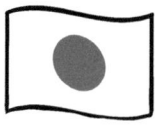

jaapani

اليابانية

mina

أنا

sina

أنت

tema

هو / هي

meie

نحن

teie

أنتم

nemad

هم

kes?

من؟

mis?

ماذا؟

kuidas?

كيف؟

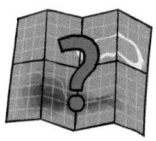

kus?

أين؟

millal?

متى؟

nimi

اسم

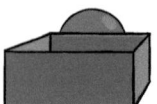

taga

خلف

sees

في

ees

أمام

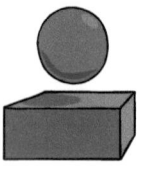

kohal

فوق

peal

على

all

تحت

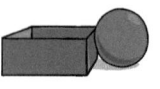

kõrval

جنب

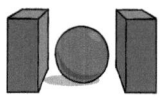

vahel

بين

koht

مكان